BEI GRIN MACHT SICH IHR WISSEN BEZAHLT

- Wir veröffentlichen Ihre Hausarbeit, Bachelor- und Masterarbeit

- Ihr eigenes eBook und Buch - weltweit in allen wichtigen Shops

- Verdienen Sie an jedem Verkauf

Jetzt bei www.GRIN.com hochladen und kostenlos publizieren

Bibliografische Information der Deutschen Nationalbibliothek:

Die Deutsche Bibliothek verzeichnet diese Publikation in der Deutschen Nationalbibliografie; detaillierte bibliografische Daten sind im Internet über http://dnb.d-nb.de/ abrufbar.

Dieses Werk sowie alle darin enthaltenen einzelnen Beiträge und Abbildungen sind urheberrechtlich geschützt. Jede Verwertung, die nicht ausdrücklich vom Urheberrechtsschutz zugelassen ist, bedarf der vorherigen Zustimmung des Verlages. Das gilt insbesondere für Vervielfältigungen, Bearbeitungen, Übersetzungen, Mikroverfilmungen, Auswertungen durch Datenbanken und für die Einspeicherung und Verarbeitung in elektronische Systeme. Alle Rechte, auch die des auszugsweisen Nachdrucks, der fotomechanischen Wiedergabe (einschließlich Mikrokopie) sowie der Auswertung durch Datenbanken oder ähnliche Einrichtungen, vorbehalten.

Impressum:

Copyright © 2009 GRIN Verlag
Druck und Bindung: Books on Demand GmbH, Norderstedt Germany
ISBN: 9783668637221

Dieses Buch bei GRIN:

https://www.grin.com/document/412394

Silja Becker

Triangulation

Vergleich und Kombination quantitativer und qualitativer Forschung

GRIN Verlag

GRIN - Your knowledge has value

Der GRIN Verlag publiziert seit 1998 wissenschaftliche Arbeiten von Studenten, Hochschullehrern und anderen Akademikern als eBook und gedrucktes Buch. Die Verlagswebsite www.grin.com ist die ideale Plattform zur Veröffentlichung von Hausarbeiten, Abschlussarbeiten, wissenschaftlichen Aufsätzen, Dissertationen und Fachbüchern.

Besuchen Sie uns im Internet:

http://www.grin.com/

http://www.facebook.com/grincom

http://www.twitter.com/grin_com

Philipps-Universität Marburg
Fachbereich Erziehungswissenschaften
Institut für Erziehungswissenschaft

Seminar:
Organisationspädagogik: Aufgabe, Gegenstand, Methodik

Schriftliche Ausarbeitung zum Thema:

Triangulation

Silja Becker

INHALT

1. Zusammenfassung der Seminarsitzung am 29.06.2009: 1
   1.2 Gegenüberstellung von qualitativer und quantitativer Forschungsmethoden: 1
2. Triangulation 3
   2.1 Begriffsdefinition 3
   2.2 Triangulation qualitativer und quantitativer Forschung 4
3. Fazit 6
   Literatur 8

1. Zusammenfassung der Seminarsitzung am 29.06.2009:

Das Thema der Sitzung lautete „Quantitative Methoden in der Organisationsforschung" und baute auf der Sitzung der letzten Woche auf, welche die „Qualitativen Methoden in der Organisationsforschung" zum Thema hatte. Nach einem Einstieg, bei dem das Plenum quantitative und qualitative Methoden miteinander vergleichen sollte, erfolgte ein geschichtlicher Abriss der Entwicklung quantitativer Methoden in der Organisationsforschung. Dabei wurde deutlich, dass die Möglichkeiten, in den Naturwissenschaften zu Erkenntnissen zu gelangen, auf die Organisationsforschung übertragen werden sollte. Anspruch der Forschung ist es, quantifizierbare Daten zu erheben, zu analysieren und zu interpretieren.

Im Anschluss daran wurden die Gütekriterien der Forschung dargestellt und diskutiert. Hierbei wurden die Objektivität, Reliabilität, Validität vorgestellt. Objektivität besagt, dass die Messwerte unabhängig vom Anwender, Auswerter und sind. Reliabilität beschreibt die Genauigkeit und Zuverlässigkeit der Ergebnisse und die Validität ist die Gültigkeit und Zielgüte, wobei die beiden anderen Güterkriterien hierbei Voraussetzung sind.

Als Beispiele der unterschiedlichen Methoden in der quantitativen Organisationsforschung wurden die Delphi Befragung und das Planspiel vorgestellt, bzw. in einer Gruppenarbeit erschlossen. Auf diese beiden Methoden wird an dieser Stelle nicht weiter eingegangen, da die vorliegende Ausarbeitung den Fokus auf den Vergleich und die Kombination von quantitativer und qualitativer Forschung richtet.

1.2 Gegenüberstellung von qualitativer und quantitativer Forschungsmethoden:

In der empirischen Forschung werden unterschiedliche Methoden genutzt. Um die Unterschiede, aber auch den Nutzen sowie Vor-und Nachteile von quantitativer und qualitativer Forschung zu verdeutlichen, werden diese beiden Forschungsrichtungen im Folgenden näher vorgestellt.

Die quantitative Forschung zeichnet sich unter anderem dadurch aus, dass sie eine große Stichprobe ermöglicht. Es werden durch Beobachtungen oder Befragungen, zum Beispiel mit Hilfe eines Fragebogens, die Ausprägungen bestimmter Merkmale in dieser Stichprobe gemessen. Ziel ist es, die Daten zu reduzieren und die ermittelten Messwerte miteinander oder mit anderen Werten zu vergleichen, um dann eine generalisierte Aussage über die Grundgesamtheit treffen zu können. Ein weiteres Ziel ist es, „Verhalten in Form von Modellen, Zusammenhängen und zahlenmäßigen Ausprägungen möglichst genau zu beschreiben und vorhersehbar zu machen." (Winter, 2009, S.1)

Eingesetzt wird die quantitative Forschung zur Quantifizierung von Sachverhalten und zum Überprüfen von Hypothesen und angenommenen Zusammenhängen. In der Sozialforschung hat diese Forschungsrichtung eine lange Tradition und ist weit verbreitet. Voraussetzung für den Einsatz quantitativer Methoden ist eine weitreichende Kenntnis über den Untersuchungsgegenstand. Ein großer Vorteil der quantitativen Forschung ist die Größe der Stichprobe, die repräsentative Ergebnisse ermöglicht und eine hohe Validität aufweist. Die Ergebnisse sind außerdem genau quantifizierbar, relativ objektiv und vergleichbar. Allerdings sind die Untersuchungen so standardisiert, dass die quantitative Methode es nicht ermöglicht, auf Probanden individuell einzugehen. Dadurch kann der Forscher nicht flexibel reagieren. Ebenfalls ein Nachteil ist, dass zwar ein Befund festgestellt werden kann, nicht aber seine Ursache, oder eine Option zur Verbesserung.

Zieht man nun vergleichsweise die qualitative Forschung heran, weist diese sich durch hohe Flexibilität und große Offenheit dem Untersuchungsgegenstand gegenüber aus. Mit standardisierten Verfahren wird weitestgehend nicht gearbeitet, was zum einen eine hohe Inhaltvalidität ermöglicht und zum anderen dazu führt, dass der Inhaltsgehalt der Ergebnisse sehr tiefreichend ist. Diese Form der Verfahren werden genutzt, um Zusammenhänge zu beschreiben, zu verstehen und zu interpretieren. Es Klassifikationen oder Typologien erstellt, oder Hypothesen generiert werden.

Durch die Grenzen der quantitativen Forschung hat die qualitative Forschung in der Sozialforschung eine Wiederaufwertung erfahren. Voraussetzungen für die qualitativen Methoden sind zunächst die Stichprobengrößen, die von der Fragestellung abhängen, da ab einer bestimmten Größe der Stichprobe eine theoretische Sättigung eintritt. Es werden also keine neuen Erkenntnisse erwartet durch die Teilnahme weiterer Probanden, da das zu untersuchende Phänomen weitestgehend erschlossen ist. Die Zusammensetzung der

Stichprobe muss durch das theoretical sampling erfolgen, das heißt, der Zusammensetzung liegen theoretische Überlegungen zugrunde und die Stichprobe ist heterogen und enthält möglichst viele typische Fälle des zu untersuchenden Phänomens.

Diese Form der Methoden hat den Vorteil der Flexibilität und der Offenheit, durch die neue Sachverhalte entdeckt werden können. Der Forscher kann Sachverhalte in Interaktion mit den Probanden hinterfragen und der Proband bestimmt den Fokus der Untersuchung. Ein Nachteil ist allerdings, dass diese Methoden sehr zeit- und kostenintensiv sind und auch die Auswertung der Daten vergleichsweise aufwendig ist. Auch können aus qualitativen Daten keine zahlenmäßigen Mengen erschlossen werden. Desweiteren sind die Qualifikationsanforderungen an die Interviewer oder Beobachte relativ hoch.

Um die Vorteile beider Methoden nutzen zu können, erweist sich eine Triangulation als sinnvoll. (Winter, 2009)

2. TRIANGULATION

Bereits die die Studie „Die Arbeitslosen von Marienthal" von Marie Jahoda, Paul Lazarsfeld und Hans Zeisel (1933), die als klassische Studie der qualitativen Forschung gilt, bediente sich der Verknüpfung unterschiedlicher methodischer Zugänge (Beobachtung, Befragung, quantitativ, qualitativ). Jahoda legt in diesem in diesem Kontext Regeln fest, die besagen, dass „zur Erfassung der sozialen Wirklichkeit (…) qualitative und quantitative Methoden" (Flick, 2008[2], S. 8) erforderlich sind.

Hauptsächlich entbrannte die Diskussion über Triangulation in der qualitativen Forschung aber in den 1970er Jahren, als Norman Denzin eine systematische Kontextualisierung hierzu darbietet.

2.1 BEGRIFFSDEFINITION
Triangulation:

> „Triangulation beinhaltet die Einnahme unterschiedlicher Perspektiven auf einen untersuchten Gegenstand (…). Diese Perspektiven können sich in unterschiedlichen Methoden und/oder unterschiedlichen gewählten theoretischen Zugängen konkretisieren, wobei beides wiederum mit einander in Zusammenhang steht bzw. verknüpft werden soll. (…) Durch die Triangulation

(...) sollte ein prinzipieller Erkenntniszuwachs möglich sein" (Flick, 2008², S. 12).

Flick beschreibt mehrere Formen der Triangulation, allerdings liegt der Schwerpunkt an dieser Stelle auf der Triangulation von quantitativer und qualitativer Forschung.

2.2 TRIANGULATION QUALITATIVER UND QUANTITATIVER FORSCHUNG

Die Diskussion über Methoden und Methodologie war relativ lange durchzogen von einer strikten Distinktionsargumentation. Diese betonte hauptsächlich die „unterschiedlichen theoretischen, epistemologischen und forschungspraktischen Ansatzpunkte von qualitativer und quantitativer Forschung" (Flick, 2008²). Die Argumentationsstränge führten einerseits zu einer Schärfung „des methodischen Profils der qualitativen Forschung" (Ebd.) und brachten eine Differenzierung in diesem Forschungsfeld mit sich. Auf der anderen Seite erfolgte daraus ebenso die Konsequenz, dass sich quantitative und qualitative Forschung unabhängig voneinander weiter entwickelten, weil „die quantitativ-standardisierte Forschung sich relativ unbeeindruckt weiter mit ihren Themen und internen Methodenproblemen beschäftigt hat." (Ebd.)

Mittlerweile gibt es Entwicklungen, die zum Ziel haben, die beiden Forschungsrichtungen mehr miteinander zu verbinden und die klare Trennung überwinden zu überwinden. Dabei sollen quantitative und qualitative Forschung nicht als Rivalen betrachtet werden, sondern als gleichwertig nebeneinander stehende Methoden, die sich ergänzen können. Brymann sieht die Logik der Triangulation beispielsweise in der Überprüfung von qualitativen Ergebnissen durch quantitative. Die qualitative Forschung kann als Unterstützung der quantitativen Forschung betrachtet werden und die Verbindung beider Methoden kann dazu dienen, ein „allgemeineres Bild des untersuchten Gegenstandes" (Flick, 2008²) herzustellen. Weitere Varianten der der Integration beider Forschungsrichtungen nach Brymann ist zum einen, das strukturelle Gesichtspunkte durch quantitative Zugänge erfasst werden, Prozessaspekte aber durch qualitative Zugänge. Während in der quantitativen Forschung die Perspektive des Forschers den Antrieb bildet, wird in der qualitativen Forschung die Subjektivität in den Fokus gesetzt. Durch das miteinbeziehen quantitativer Ergebnisse löst sich für die qualitative Forschung auch das Problem der Generalisierbarkeit und umgekehrt können laut Brymann qualitative Erkenntnisse die Interpretation quantitativer Daten erleichtern. (Flick, 2008[2])

Welche Rolle die Triangulation der Forschung spielt, ist abhängig von unterschiedlichen Ansätzen und deren Ansprüchen. Beispielsweise verfolgen die Mixed Methodologies das Ziel, quantitative und qualitative Forschung möglichst pragmatisch miteinander zu verbinden, während die Integration qualitativer und quantitativer Verfahren wesentlich an der Entwicklung von integrativen Forschungsdesigns und der Integration der Ergebnisse ansetzt. Die Forderung nach einer Entwicklung von integrierten Designs aus qualitativer und quantitativer Forschung wird in unterschiedlichen Kontexten geäußert. Miles und Hubermann bieten dafür vier grundlegende Designs Das erste Design beschreibt eine parallele Verbindung qualitativer und quantitativer Forschung. Im zweiten Design bildet eine andauernde Feldforschung die Basis für unterschiedliche Sequenzen einer Umfrage. Das dritte Design erhebt seine Date am Anfang qualitativ und hat als Zwischenschritt eine Fragebogenstudie, bevor im dritten Schritt die Ergebnisse beider Untersuchungen vertieft und überprüft werden. Im vierten Design beginnt die Untersuchung mit einer quantitativen Umfrage, wird durch eine Feldstudie ergänzt, die auf der Umfrage aufbaut. Anschließen wird ein darauf aufbauendes Experiment durchgeführt, um die Ergebnisse der anderen beiden Phasen zu überprüfen. (Flick, 2008[2])

Auf der Ebene der Ergebnisse beschreiben Kelle und Erzberger die Verknüpfung quantitativer und qualitativer Forschung und unterscheiden drei Möglichkeiten. Zum einen könne die Ergebnisse konvergieren, was bedeutet, dass sie „vollständig, generell, tendenziell oder partiell übereinstimmen" (Flick, 2008[2], S. 88). Zum anderen können die Ergebnisse aber auch komplementär zueinander stehen oder divergent sein. An diesem Punkt sollte dann die Divergenz entweder theoretisch oder empirisch geklärt werden.

Besondere Aufmerksamkeit kommt der Verbindung quantitativer und qualitativer Forschung derzeit im Kontext von Geltungsbegründung und wechselseitiger Überprüfung zu.

Beispielhaft für die Triangulation ist die Shell-Jugenstudie, (Jugend 2002) von Hurrelmann und Albert, in der eine Repräsentativbefragung mit standardisierten Fragebögen mit Porträts von engagierten Jugendlichen kombiniert werden. Den Rahmen der Situation der Jugendlichen bilden die Ergebnisse der quantitativen

Erhebung, durch die qualitative Untersuchung werden zwei Themenbereiche – in diesem Fall Engagement und Internetnutzung- weiter vertieft. Durch die Subjektivität der qualitativen Untersuchung kommt die Sichtweise der Jugendlichen zur Geltung. Allerdings werden die Ergebnisse weitestgehend nebeneinander und sich gegenseitig ergänzend dargestellt und weniger die Zugänge in gegenseitigen Bezug zueinander gesetzt. (Flick, 2008^2)

3. FAZIT

Die Integration von quantitativer und qualitativer Forschung richtet ihre Aufmerksamkeit häufig nur auf die Ebene der erzielten Ergebnisse. Eine weitere Entwicklung von Forschungsdesigns, die eine Kombination verschiedener Verfahren bereits bei der Erhebung ermöglichen sowie ein eine Bezugnahme der methodischen Zugänge aufeinander, bleibt abzuwarten. Bei der Verbindung dieser beiden Forschungsrichtungen sollte aber stets berücksichtigt werden, ob beiden Zugängen eine gleiche Gewichtung zugeteilt wird, sowohl in der Phase der Planung, als auch in der Bewertung der Forschung und der Relevanz der erzielten Ergebnisse. Desweiteren sollte laut Flick hinterfragt werden, ob beide Zugänge auch wirklich aufeinander bezogen und nicht nur die Ergebnisse verglichen werden. Beide Zugänge bringen Besonderheiten mit sich, denen Rechnung getragen werden muss und beide Zugänge sollten gleichberechtigt nebeneinander stehen dürfen. Die Verbindung beider Ansätze und die Kombination von Methoden, Daten und Ergebnissen kann dadurch die gewonnen Erkenntnisse einer Untersuchung bereichern. (Flick, 2008^2)

Die Kombination von quantitativer und qualitativer Forschung bringt auf der einen Seite praktische Probleme mit sich, wie zum Beispiel die Frage nach dem konkreten Ansatzpunkt der Kombination in der Forschung. Die methodischen Fragen treten oft in dem Hintergrund in Bezug auf die Forschungspragmatik. Auch die Verbindung der Zugänge und nicht nur der Ergebnisse erscheint sinnvoll, bedarf aber noch einer weiteren Entwicklung.

Trotzdem bietet die Kombination beider Forschungsrichtungen große Chancen, um beispielsweise spezifische Befunde und Probleme sowie deren Ursachen in Organisationen zu erforschen. Was die eine Forschungsrichtung nicht leisten kann, vermag die andere zu ergänzen, was die Forschenden zu tiefergehenden

Ergebnissen gelangen lässt, auf deren Basis Verbesserungen entwickelt werden können. Gerade durch die Unterschiede, die die Forschungsrichtungen aufweisen, lässt sich meiner Meinung nach ein Erkenntnisgewinn erzielen. Gerade in Bildungsnetzwerken bietet sich meiner Meinung nach eine Triangulation quantitativer und qualitativer Forschung an, um eine Weiterentwicklung von Organisationen in der Weiterbildung und dem Bildungssystem zu ermöglichen. In Bildungsnetzwerken kooperieren meist viele Vertreter unterschiedlicher Bildungseinrichtungen miteinander. Dementsprechend heterogen sind auch die Bildungsgruppen in solchen Netzwerken. Soll zum Beispiel untersucht werden, ob die Teilnehmer mit der Qualität des Angebots zufrieden sind, eignet sich hierfür zunächst eine quantitative Erhebung. In diesem Falle wird mir die Größe der Stichprobe zum Vorteil, weil sich dadurch die Ergebnisse auf die Grundgesamtheit generalisieren lassen. Wenn die quantitative Untersuchung nun ergibt, dass eine große Unzufriedenheit unter den Teilnehmern herrscht, kann die Ursache hierfür anhand einer qualitativen Untersuchung erforscht werden. Dies könnte unter anderem anhand von Experteninterviews geschehen, und in diesem Fall können die Experten als Vertreter der verschiedenen Einrichtungen ausgewählt werden. Dadurch könnten konkrete Verbesserungen erarbeitet werden und die Einrichtung erhält somit die Möglichkeit, ihren Teilnehmer entgegenzukommen und sich weiterzuentwickeln.

Abschließen lässt sich sagen, dass es sicherlich stets auf die Form der Kombination sowohl auf Ebene Planung der Untersuchung, der Ergebnisse als auch auf Ebene der Zugangsverbindung ankommt. Dabei sollte meiner Meinung nach berücksichtig werden, dass jede Form der Forschung ihre Eigenheiten mitbringt, deren Nachteile nicht vergessen werden dürfen, aber deren Vorteile sich eindeutig zu Nutze machen lassen.

LITERATUR

Flick, U. (2008²): Triangulation. Eine Einführung. Wiesbaden.

Holzer, B. (2008): Netzwerkanalyse. Online verfügbar: http://217.160.35.246/organizations/2/or-na-d.htm [letzter Zugriff: 01.07.2009]

Kühl, S./Strodtholz, P./Taffertshofer, A. (2005): Quantitative Methoden der Organisationsforschung. Wiesbaden.

Ludwig-Mayerhofer, W. (2002): ILMES - Internet-Lexikon der Methoden der empirischen Sozialforschung: Online verfügbar: http://www.lrz-muenchen.de/~wlm/ilmes.htm [letzter Zugriff: 29.06.2009]

Winter, S. (2009): Quantitative vs. Qualitative Methoden. Online verfügbar: http://imihome.imi.unikarlsruhe.de/nquantitative_vs_qualitative_methoden_b.html [letzter Zugriff: 01.07.2009]

BEI GRIN MACHT SICH IHR WISSEN BEZAHLT

- Wir veröffentlichen Ihre Hausarbeit, Bachelor- und Masterarbeit

- Ihr eigenes eBook und Buch - weltweit in allen wichtigen Shops

- Verdienen Sie an jedem Verkauf

Jetzt bei www.GRIN.com hochladen und kostenlos publizieren